Für Philipp und Benedikt,

ein spannendes Erwachsenwerden

euch beiden!

Alles Liebe

[Signature] u. Horst [Signature]

Kimba

Text

Christine Wochinger

Bilder

Horst Rainer

Begründer der textil-rost-art

Die Geschichte von der Schildkröte

Die Sonne brennt auf den Sand.
In dem heißen Sand sind die kleinen, neu geschlüpften Schildkröten, die darauf warten, dass sie dieses Schlupfloch verlassen können, um ihr zukünftiges Schildkrötendasein zu beginnen.

Eine davon ist unsere Kimba.

Was meinst du, was unsere Kimba nun machen möchte?

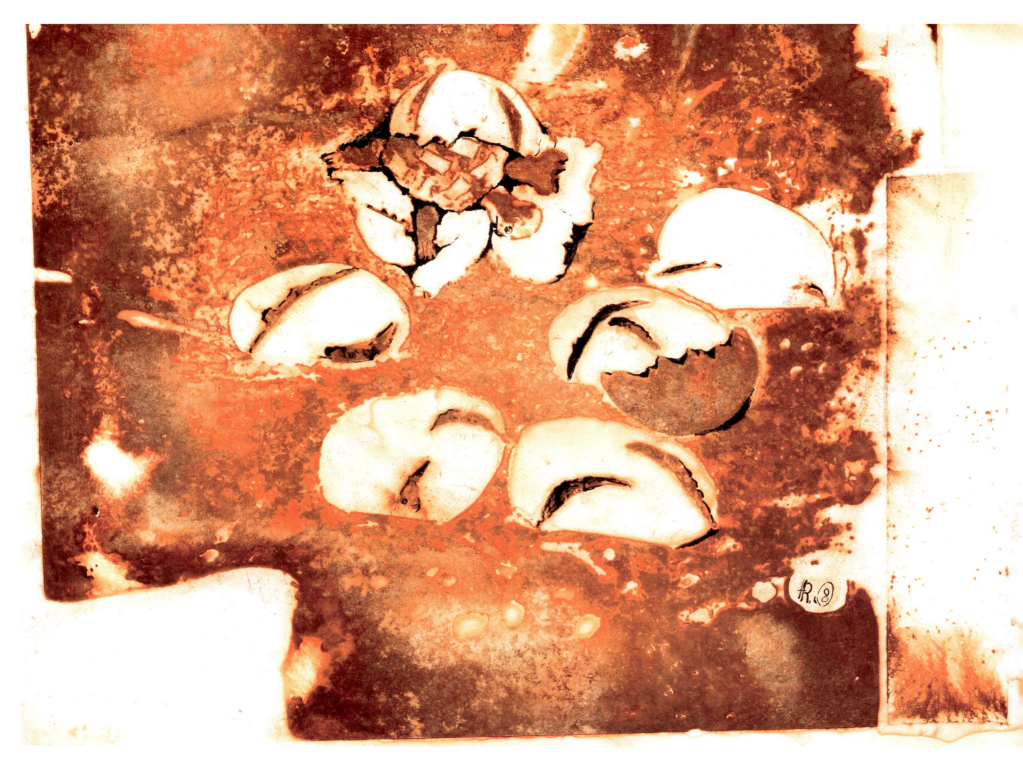

Kimba hat in sich eine ganz klare Stimme, die ihr sagt: „Du musst zum Meer, du musst ins Wasser gehen, sonst kannst du dich nicht entwickeln und wachsen!"

„Gut, nur wie?", fragt sich Kimba.
„Wenn ich zum Meer soll, muss ich aber dieses schützende Heim aufgeben und ich weiß doch gar nicht, was da draußen alles auf mich wartet!" Das erschien ihr im Moment gar nicht das Richtige zu sein. Also beschloss sie noch ein bisschen zu warten, aber nach einiger Zeit wurde die Stimme in ihr ganz laut, es tat ihr fast innerlich weh.

„Du solltest deinen Weg antreten. Entscheide, ob du hier drinnen verkümmern willst, oder ob du mutig die Herausforderung des Lebens annimmst!"

Was sagt denn deine innere Stimme?

Dann endlich wagte sie einmal den Kopf aus diesem Sandloch.
Der erste Eindruck war: „Es ist ja wunderschön hell!"

Sie krabbelt weiter aus dem Sand, zugegeben, anfangs war das ein bisschen ungewohnt und auch sehr heiß. Aber dadurch wurde sie angetrieben weiter zu gehen. Ganz automatisch wusste sie, in welche Richtung sie zu krabbeln hatte.

Auf einmal spürte sie, dass es plötzlich dunkel wurde um sie.
„Woran lag das denn nun?"

Sie konnte klar spüren, etwas Gefährliches ist in der Luft.
Und genauso war es auch. Ein großer Vogel schwang sich über sie, er hatte Hunger und wollte sie fressen. Einen Augenblick war Kimba ganz erstarrt vor Angst. Sie überlegte, wie sie der Gefahr entgehen konnte.

Was glaubst du hat sie gemacht?

Sie dachte sich: „Ich will wachsen und erwachsen werden. Davon lasse ich mich nicht abhalten!" Kimba beschloss mit dem gefährlichen Vogel zu sprechen.

Sie sagte ihm mit piepsender, aber klarer Stimme: „Hör' zu, wenn du mich frisst, werde ich dir im Magen liegen bleiben und du bekommst davon sicher ganz arge Magenschmerzen. Ich habe mir vorgenommen groß zu werden und ich lasse mich von niemandem aufhalten!"

Der große Vogel überlegte: „Na ja, sie klingt ja ganz sicher und bestimmt. Ich glaube, diese Schildkröte bleibt mir richtig im Magen liegen. Wenn ich ehrlich bin, möchte ich nicht unbedingt Magendrücken haben." Nach dieser Überlegung flog er einfach weiter.

Ich kann den Vogel verstehen, möchtest du Magendrücken haben?

Kimba atmete erleichtert auf. Eine wertvolle Erfahrung hatte sie nun gemacht:
Wenn sie sich klar ausdrückt, kann sie der andere auch verstehen. Sie war ganz riesig erleichtert und marschierte weiter.

Der Sand und die Sonne taten auf ihrem ungeschützten kleinen Körper sehr weh.
Kimba hat noch keinen schützenden Panzer, der muss ihr erst wachsen. Doch durch diese Schmerzen war sie nur noch mehr davon überzeugt, das Meer erreichen zu wollen.

Was meinst du ist ihr nächstes Erlebnis?

Das nächste Hindernis, das sich ihr in den Weg stellte, war ihre eigene Erschöpfung.
Sie fühlte sich ganz müde von dem schnellen Laufen. Sie war auch etwas verzagt, denn sie konnte das Meer zwar schon riechen, aber es erschien ihr in unendlicher Ferne.
Zweifel kamen in ihr hoch.
Sie dachte sich: "War es nicht doch zu voreilig einfach drauf loszumarschieren?"
Die Stimme in ihr antwortete: "Wie willst du denn sonst deine Aufgabe erfüllen?"
„Welche Aufgabe?", fragte Kimba verwundert.
„Du bist doch nicht einfach nur so ohne Bestimmung hier. Du hast etwas zu erledigen in deinem Leben!", antwortete die innere Stimme.
„Nein, so was Komisches habe ich noch nicht gehört. Ich muss Mutterseelen alleine da herummarschieren, mich gegen gefräßige Vögel wehren, soll das Meer erreichen, das weiß Gott wo ist, und das soll einen Sinn haben?" So argumentierte die verzweifelte Schildkröte.
Sie blieb einfach stehen.
Sie schmollte sogar.

Was könnte denn ihre Aufgabe sein?

„He, du da drinnen in mir, kannst du mir bitte sagen was ich tun soll?"
„Mach einfach weiter, dann kannst du auch selbst erkennen, was zu tun ist!" Kimba ist aufmüpfig und beginnt zu schimpfen: "Du redest dich leicht, du hockst geschützt in mir drin, machst mir Vorschläge, mit denen ich nichts anfangen kann, und überhaupt, dir tut der Sand auch nicht weh, du hast keinen Hunger und Durst. Du brauchst nicht in dieser Hitze herumlatschen. Da kann ich auch gute Ratschläge geben."

„So, der hab ich es jetzt aber mal gesagt." Kimba horchte in sich hinein, aber da kam kein Ton mehr. „Na, denn eben nicht!" dachte Kimba trotzig.

Was könntest du ihr denn sagen, dass sie nicht ganz aufgibt?

Kimba stand immer noch am gleichen Fleck. Es ging ihr gar nicht gut. Das Trotzigsein kostete ihr viel Kraft, die heiße Sonne setzte ihr zu. Das Atmen wurde immer mühevoller. Ihr kleiner Körper trocknete langsam aus. Sie fühlte auch nicht mehr viel.
„Kleine Kimba, du wirst doch nicht aufgeben? Da vorne ist ja schon das Meer. Komm' hebe deinen Kopf und gehe weiter!" Die Stimme in ihr war auch nicht mehr so kräftig, aber sie war noch da.

Kimba hob vorsichtig den Kopf und plötzlich erinnerte sie sich wieder, dass sie erwachsen werden wollte. „So kann es ja wohl nicht gehen" dachte sie sich. Sie merkte, wie dieses Trotzigsein und Aufgebenwollen viel von ihrer Kraft kostete. Nun verwandelte sie ihren Trotz in Antriebskraft. „Das Leben muss doch mehr für mich haben als diese Anstrengung. Vielleicht sollte ich diese Mühsal überwinden. Ist das eventuell meine Aufgabe?", grübelte sie so vor sich hin. Sie überlegte wie schön es im Meer sein könnte, da könnte sie schwimmen, könnte sich ernähren, könnte sich mit anderen Schildkröten treffen, könnte sich einen Panzer wachsen lassen und wäre vor allem nicht mehr der glühenden Hitze ausgeliefert. „Was heißt ausgeliefert?" schoß es ihr durch den Kopf.
„Das kann ich ja ändern!" Dieser Blitzgedanke gab ihr ganz viel Kraft. Das Erkennen, dass es ja nur sie selbst ändern konnte, war der Antrieb, den sie jetzt brauchte.

Meinst du sie schafft es weiter zu gehen?

Nachdem es Kimba klar wurde, dass sie sich die tollen Zustände, die sie sich über ihr zukünftiges Leben ausgemalt hatte auch verwirklichen konnte, war sie nicht mehr zum Aufhalten. Ihr früherer Schwung und ihre Entschlossenheit kehrten schlagartig zurück. Sie krabbelte flott weiter und als sie einen Sandhügel überquert hatte, lag das große Meer vor ihr. Im ersten Moment war sie sprachlos. Ein Glücksgefühl stieg in ihr hoch. Die innere Stimme meldete sich nun wieder klar: "Hör zu, du mutige, kleine Kimba, noch bist du nicht am Ende deines Marsches. Werde nicht leichtsinnig und passe auf dich auf!"

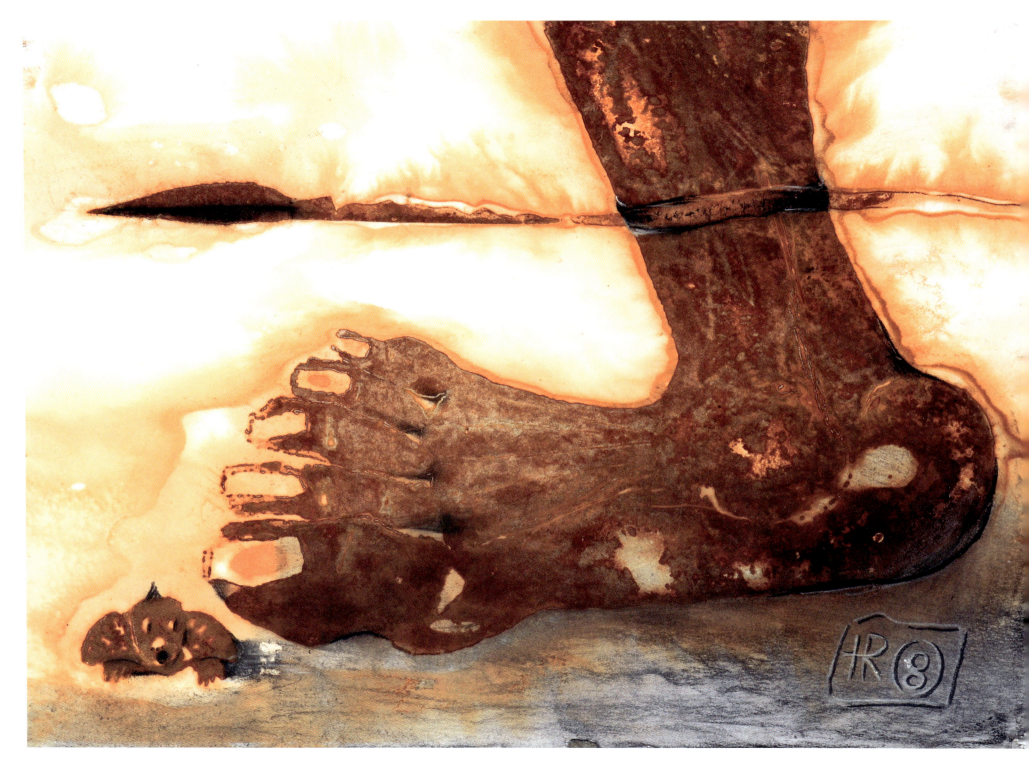

Aber Kimba war so außer sich vor Freude, dass sie die herannahende Gefahr nicht sofort bemerkte. Wieder wusste sie nicht genau, was es war, dass sie nun auf ihrem Weg bedrohte.
„Pass' auf, verbirg dich!" Ihre Stimme war ganz stark zu hören.
Kimba wusste nicht, worauf sie aufpassen sollte, aber aus Erfahrung wusste sie ja schon, dass ihre innere Stimme immer recht hatte. So grub sie sich blitzschnell in den Sand ein. Nichts mehr war von ihr zu sehen. Sie lag regungslos da, aber sie war ganz wachsam.

Sie spürte die Gefahr am ganzen Körper. Sie spürte, wie der Boden vibrierte.
Bumm bumm bumm dröhnte es in ihrem Versteck.
Immer näher kam das furchterregende Geräusch.
Als es ganz in ihrer Nähe war, hielt sie den Atem an und dachte: „Jetzt bin ich bald am Ziel und ich lasse mich nicht mehr einschüchtern, was immer da draußen ist, es geht an mir vorbei!"

Was glaubst du ist da am Strand passiert?

Es ist so unglaublich, was da geschah.
Menschen gingen den Strand entlang und sammelten die kleinen Schildröten ein als wären sie Beeren. Die Menschen wollen aus diesen kleinen Tieren eine Spezialität kochen.
Es ist unfassbar. Die Menschen wissen nicht, dass Tiere genauso so fühlen wie sie, dass sie eine Daseinsberechtigung haben wie sie. Dass sie leiden und erleben können wie sie.

Weißt du, warum diese Menschen das nicht mehr wissen?

Sie haben ihre innere Stimme verloren.
Sie sagen sich: „Das sind doch eh bloß Schildkröten, es gibt ja ohnehin so viele davon!"
Wenn sie diese Spezialität gegessen haben, haben sie oft Magendrücken.
Nachdem diese Gefahr an Kimba vorübergegangen war, lugte sie aus dem Loch.
Sie bemerkte zu ihrem Entsetzten, dass nun viel weniger Kameraden auf dem Strand zu sehen waren. Es machte sie traurig.
Tränen standen in ihren Augen.

Dann marschierte sie weiter, denn es war nur mehr ein kleines Stück zum Meer.
Die erste Begegnung mit dem Wasser war für Kimba ein erhebendes Gefühl. Der Sand, der an ihr klebte, wurde ganz mild heruntergeschwemmt. Ihren kleinen müden Körper umhüllte das Wasser wie eine schützende Decke. Sie war eins mit dem Meer.
Automatisch schwamm sie ins Meer hinaus.
Kimba dachte zurück und sagte sich: „Ich bin sehr froh, dass ich nicht aufgegeben habe!"
Kimba fragte nun ihre Stimme: "Du sag mal, bin ich nun erwachsen?"
Da hörte sie ein fröhliches Lachen: "Nicht ganz, aber du hast schon einige Erfahrungen gemacht und du hast, was ja das wichtigste ist, erkannt, dass nur du dein Leben gestalten kannst. Doch, ich finde du hast es bis jetzt sehr gut gemacht!"

Was hast denn du bis jetzt in deinem Leben gemacht?

Nach dem ersten Frohgefühl ruhte sich Kimba aus und ließ sich einfach treiben im Meer. Es tat ihr sehr gut nach all den Aufregungen einmal nichts zu tun. Doch dann dachte sich Kimba: "Nun könnte sich wieder was tun, denn sonst wird es langweilig."
Kaum hatte sie ihren Gedanken ausgeschickt, da hörte sie jemanden neben sich sagen: "Du, wer bist denn du?"
Kimba schaute sich um und bemerkte ein komisches Etwas unter sich.
„Nanu, was ist denn das?" dachte Kimba.
Dieses Etwas teilte Kimba mit: „Ich bin ein Fisch. Wer bist du?"
„Ich bin eine fast erwachsene Schildkröte!" antwortete Kimba.
„Aha, interessant. Erzähl mir von dir!" sagte der Fisch.
Nun begann Kimba ihre Erlebnisse zu erzählen.

Weißt du noch, was sie alles erlebt hat?

Dann erzählte auch der Fisch, wie es ihm so in seinem Fischleben ergangen ist. Das wiederum erstaunte Kimba sehr. Wie verschieden die Wege doch waren. Doch wie es aussieht, gehen wir alle dem gleichen Ziel entgegen.

Während der Fisch erzählte, merkte Kimba, dass ein ganz großer Fisch heranschwamm. Sie sagte zu dem kleinen Fisch: "Du, der ganz große Fisch hat, glaube ich, nichts Gutes im Sinn!" Kaum hatte Kimba die Warnung ausgesprochen, war der kleine Fisch schon verschwunden. Kimba sah dem großen Fisch mit mutigen Augen entgegen, sie hatte mittlerweile soviel Vertrauen zu sich selbst, dass sie kaum noch Angst verspürte.

Wie wird der große Fisch reagieren?

Der große Fisch merkte die Sicherheit von Kimba und überlegte: "Was mach ich denn mit der Kleinen, normalerweise würde ich sie einfach fressen, sie ist ja eine Delikatesse, aber irgendwie scheint mir diese Schildkröte etwas Besonderes zu sein."
Er umschwamm Kimba, denn er war sich noch nicht sicher, was er tun sollte.
„Mir scheint, die Kleine hat noch eine Menge vor in ihrem Leben. Davon will ich sie nicht abhalten!" So gedacht schwamm er weiter und hielt Ausschau nach etwas weniger Besonderem.
Kimba sah dem Fisch nach und wurde immer sicherer. Wenn sie sich nicht abhalten lässt von ihrem Vorhaben, dann tun es auch andere nicht. Ganz im Gegenteil.
Sie bekommt sogar noch Hilfe von ihrer inneren Stimme und von Freunden am Weg.

Jedes Mal, wenn sie auf ihrem Weg eine Frage hatte, lernte sie ein anderes Wesen kennen, das ihr dann die Antwort auf ihre Fragen gab.

Da sie sich nun mutig und offen ihren Aufgaben stellte, wuchs ihr auch ein schöner, großer, schützender Panzer, der aus ihrer eigenen Erfahrung bestand und unter dem sie sich ausruhen konnte, wenn das Leben zu bunt wurde.

Nach sehr vielen Jahren war sie dann eine lebenserfahrene Schildkröte, die sehr gerne alles, was sie selbst erlebt und erfahren hatte, mit anderen Wesen teilte. Vielleicht konnte dann das eine oder andere Wesen auch etwas für den eigenen Lebensweg gebrauchen. Kimba fühlte sich wie ein Glied in der großen Kette der Lebewesen.

Der Kreislauf schließt sich dann, wenn Kimba an den Strand zurückkehrt, um viele Eier in den Sand abzulegen. Alle Eier, in denen die kleinen Schildkröten schon auf ihr Leben warten, wissen um die Erlebnisse von Kimba. Somit fühlen sie sich stark genug, um eines Tages ihr eigenes Schildkrötendasein mutig und sicher zu beginnen.

Horst Rainer

„Der Text, der von Frau Wochinger geschrieben wurde, inspirierte mich derartig, dass ich mir gleich in den nächsten Tagen Gedanken machte, über die kleine Kimba und den Kimbas dieser Welt.
Nach 2 Monaten war die Illustration fertig. Mit meinem Verfahren, auf Papier gerostet und teilcoloriert, war das eine voll Spannung geladene Arbeit."

Christine Wochinger

„Ursprünglich ist diese Geschichte für und mit meinem jüngsten Sohn, vor 20 Jahren, als Gutenachtgeschichte, entstanden."

Impressum

© 2009, Christine Wochinger und Horst Rainer
1. Auflage, 2009: 1.000
Erschienen im Eigenverlag: Christine Wochinger / Horst Rainer
Text: Christine Wochinger
Bilder: Horst Rainer
Fotografie: Susanne Hesping
Gestaltung und Satz: Christian Süß
Druckerei: platinium · PRINT & ART FAKSIMILE GMBH · 8042 Graz · Österreich
Herausgeber: Christine Wochinger und Horst Rainer · E-Mail: christinewochinger@a1.net
Gesetzt wurde in der Neuen Helvetica
Alle Texte und Abbildungen unterliegen dem Urheberrecht.
Eine Veröffentlichung oder Vervielfältigung bedarf der Rücksprache mit den Herausgebern.
Gedruckt in Österreich
ISBN 978-3-9502785-0-7